The
ART *of*
NOTICING

알아차림의 미학

ELLEN J. LANGER

서문

이 책은 1970년대 초부터 현재에 이르기까지 진행되어온 'mindlessness'[1] 와 'mindfuness'[2] 에 대한 연구 결과들의 결정체이다. 오랜 연구들을 통해서, 나는 우리가 'mindlessness' 상태, 즉, 인생의 대부분의 시간을 정해진 틀에 기계적으로 반응하며 살아가고 있다는 사실을 알게 되었다. 또한, 이러한 'mindlessness' 상태 안에 있을 때는 우리가 그런 상태로 살고 있는지를 스스로 깨닫기란 좀처럼 어렵다는 사실도 알게 되었다. 그러나 다행스럽게도 나는 우리들이 이러한 'mindless' 한 상태에서 충분히 벗어날 수 있는 방법이 있으며, 이 방법들은 우리 일상생활 속에서 어렵지 않게 적용될 수 있다는 사실도 연구를 통해서 발견하게 되었다.

우리가 'mindfulness' 상태(기존에 알아왔던 카테고리나 규칙, 정해진 틀에서 벗어나 새로운 카테고리를 발견하고 생산해 낼 수 있는 마음의 상태)를 유지하면 할수록 우리의 삶은 더 행복해지고, 더 건강해지고, 더 효율적이게 된다. 삶에 진정으로 활기가 불어넣어질 뿐만 아니라 어떤 일을 하든지 매 순간순간이 새롭고 이전에 느껴보지 못한 즐거움을 찾게 된다.

이 책에 실려있는 짧은 글귀 하나하나는 나의 최근 35년간의 연구를 집약한 것이고, 내가 지난 17년 동안 그려온 소중한 그림들도 함께 엮어 이 책을 완성하였다. 짧은 문장들이지만, 여러분이 이 글귀 하나하나를 읽고 그 의미에 대해서 깊이 되새겨 보는 시간을 갖는다면, 여러분의 삶은 보다 'mindfulness' 해지고 또 더욱 예술적인 모습으로 살아갈 수 있을 것이라고 확신한다.

---

1. Mindlessness :
기존에 알아왔던 카테고리나 규칙, 그리고 정해진 틀에 의존해 관성적으로 반응하며 살아가는 마음의 상태

2. Mindfulness :
기존에 알아왔던 카테고리나 규칙, 그리고 정해진 틀에서 벗어나 적극적으로 새로운 카테고리를 발견하고 생산해 낼 수 있는 마음의 상태

우리가 사실이라고 부르는 것은
다른 사람들의 견해다

Facts are just other people's views

CIVIL WAR, acrylic on canvas, 22" x 28"

우리가 지금 있는 이곳은,
우리가 여태껏 경험해 보지 않았던 곳이다[1]

Where we are is where we've never been

GREYHOUND BUS, acrylic on canvas, 24" x 48"

과거를 바라보면
앞으로 나아가기 힘들다

It's hard to go forward when looking back

BACK AND FORTH, acrylic on canvas, 18" x 24"

8

깨어나지 않는다면 아침은 오지 않는다

The sun dosen't rise if we don't wake up

TITLE, Material, ?" x ?"

10

우리는 그 사실에 짜증이 날 수도,
매력을 느낄 수도 있다

We can find it irritating or see its charm

SUSPENDERS, acrylic on canvas, 8" x 10"

모든 것이 이해된다면,
우리의 삶은 따분해질 것이다

Life would be dull if it all made sense

PERPLEXED, acrylic on canvas, 22" x 28"

자유로운 영혼이 되는 것은
댓가를 치를 만한 가치가 있다

Being a free spirit is worth the cost

OVER EASY, acrylic on canvas, 36" x 48"

일을 하는 중에 너 자신을 찾아라,
잃어버리지 말고

Find, don't lose yourself in the activity

EASY RIDER, acrylic on canvas, 32" x 48"

'또는'이 아니라 '그리고'

AND not OR

PUPPY LOVE, acrylic on canvas, 24" x 36"

변화를 기대하는 것이
오히려 안정을 가져온다

Expecting change brings stability

DOING DISHES, acrylic on canvas, 30" x 40"

성장을 열망하라

Expect to grow

ROOM TO GROW, acrylic on canvas, 32" x 24"

우리는 스스로를 너무 심각하게 받아들이지만,
어느 누구도 당신을 그렇게 받아들이지 않는다

If we take ourselves too seriously, no one else will

GIRLS GONE WILD, acrylic on canvas, 36" x 48"

큰일이 닥친 건가요?
아니면 조금 불편한 일이 생긴 건가요?

Is it a tragedy or an inconvenience?

HABIT, watercolor, 7" x 9"

산만해진 건가요?
아니면 다른 데 관심이 생긴 건가요?

Distracted or otherwise attracted?

OTHERWISE ATTRACTED, acrylic on canvas, 9" x 12"

더 나은 답을 얻기 위해서는
더 나은 질문을 하라

Ask a better question to get a better answer

SCHOOL DAZE, acrylic on canvas, 30" x 40"

친숙한 것들에서 새로운 것을 찾아라

Find the novel in the familiar

SAME THING BUT DIFFERENT, acrylic on canvas, 6" x 6"

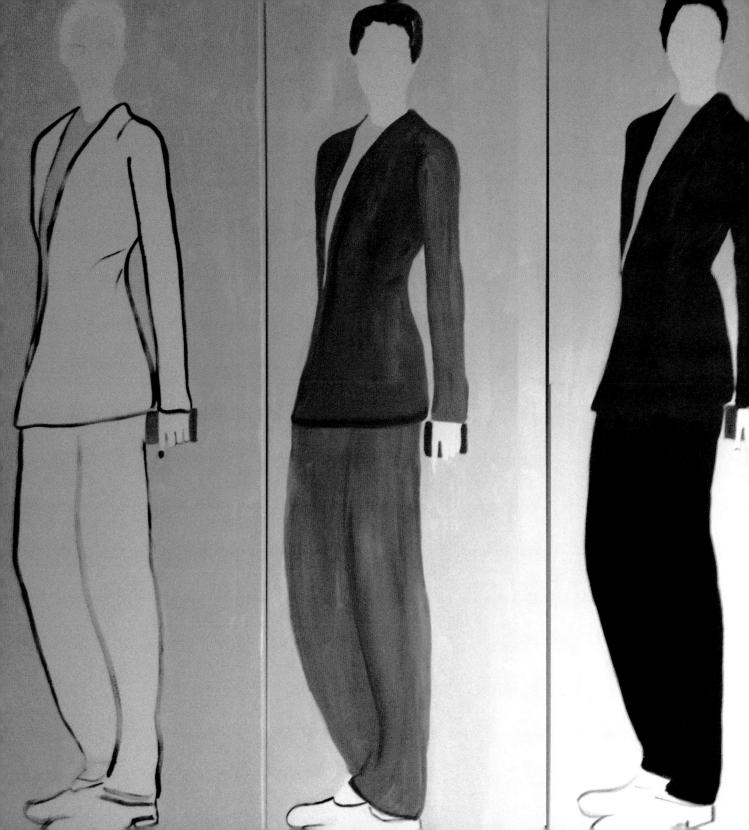

우리가 느끼는 감정은 선택의 문제이다

How we feel is a matter of choice

THREE NANCYS, acrylic on canvas, 24" x 28"

오늘,
내일을 예측하면
진정한 내일을 놓치게 된다[2]

Predict today and lose tomorrow

TEX. AND REX IN THE CITY, mixed materials, 36" x 48"

실수란 현재로 돌아오라는 신호다

Mistakes are cues to be in the present

We Do Windows, acrylic on canvas, 36" x 42"

이해가 용서보다 낫다

Understanding is better than forgiving

THE FAMILY, acrylic on wood, 22" x 28"

깨달음이 찾아오면 부러움이 떠난다

Envy leaves when learning arrives

SUNDAY BRUNCH, acrylic on canvas, 24" x 36"

긍정적으로 부정적이 되어라,
미소를 띠고 아니라고 말해라

Be positively negative, say no with a smile

UNDERDOG, acrylic on canvas, 24" x 36"

칭찬에 민감하지 않다면,
모욕에 대해서도 상처받지 않는다

If we don't take the compliment, we're not vulnerable to the insult

INEBRIATED, acrylic on canvas, 12" x 16"

중심이 확고한 자아는 자기중심적이지 않다

A centered self is not self-centered

SELF-REFLECTION, acrylic on canvas, 24" x 48"

그 시간이 오기 전에 미리 걱정하지 마라

No worry before its time

SHELL GAME, acrylic on canvas, 24" x 28"

누군가를 탓하지 않는다면,
용서해야 할 이유도 없다

Only if we blame, is there reason to forgive

THE CONVERSATION, acrylic on canvas, 24" x 28"

고독은 마음의 한 상태다[3]

Solitaire is a state of mind

SOLITAIRE, acrylic on canvas, 30" x 40"

우리의 마음은
불완전하게 깨어 있거나
완전히 잠들어 있다[4]

We can either be imperfectly mindful or perfectly mindless

CENTER STAGE, acrylic on canvas, 24" x 28"

규칙들은
통치자들에 의해서 만들어진 것이다[5]

Rules are made by rulers

STANDING ROOM, acrylic on canvas, 30" x 40"

긍적적이거나 부정적인
기준을 버리고 보아라

Don't see it as positive or negative just see it

FRONT ROW SEATS, acrylic on canvas, 24" x 48"

반응하지 말고 응답하라

Be responsive not reactive

BAR NONE, acrylic on canvas, 14" x 17"

부드러워지는 것은 어려운 것이다

It's hard to be soft

TORN, acrylic on canvas, 11" x 17"

당신의 삶을 확장하고 싶다면,
틀릴 각오를 해라

To feel expansive, risk being wrong

SELF PORTRAIT, acrylic on canvas, 24" x 28"

정해진 틀이 없이 생각하라[6]

Think without the box

JOHN DOWD'S HOUSE, acrylic on canvas, 20" x 24"

수동적인 자세는
우리로부터 우리 자신을 빼앗아간다

Passivity robs us of ourselves

HOME RUN, acrylic on canvas, 8" x 9.5"

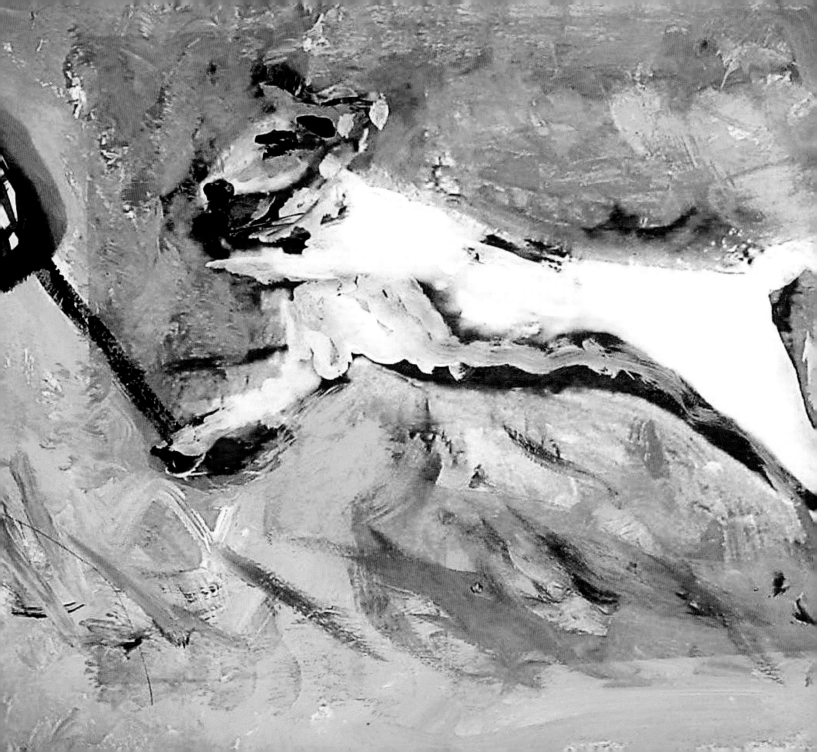

물로 불과 싸워라

Fight fire with water

DAYS AT THE BEACH, acrylic on canvas, 20" x 24"

상대평가는 우리의 의식을 잠들게 한다

Evaluative comparisons are mindless

BOTTOMS UP, acrylic on canvas, 48" x 60"

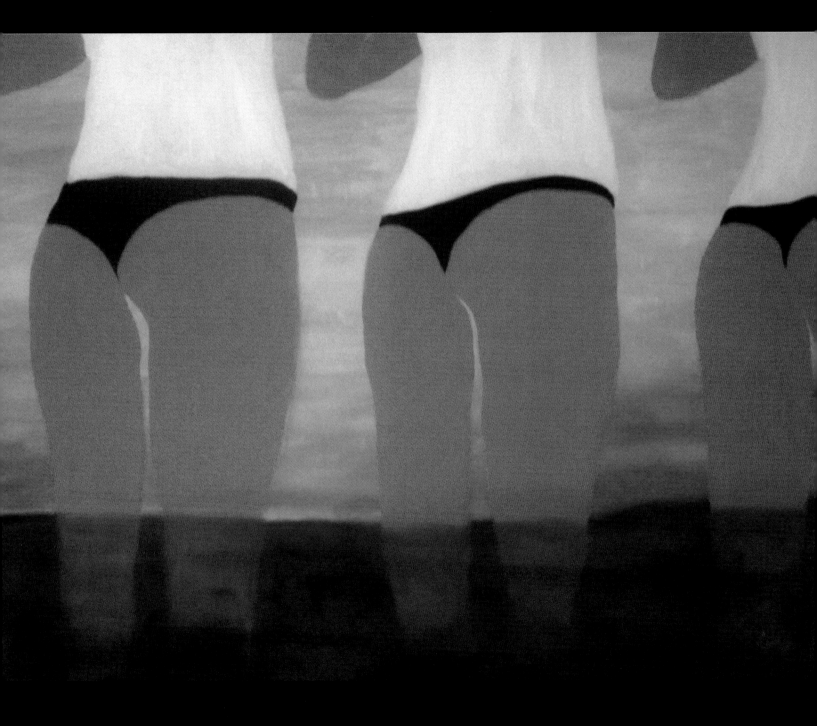

만약 당신이 스스로를 좋아한다면,
온전한 나로 살아가는 것이
훨씬 쉬워질 것이다

If you like yourself, it's easier to be yourself

IMAGINE THAT, acrylic on canvas, 16" x 24"

배우고 있는 그 순간이
이미 배움을 얻었을 때보다 더 즐겁다

Mastering is more fun than having mastered

I THINK I CAN, I THINK I CAN, acrylic on canvas, 8" x 10"

'왜?' 대신 '왜 안돼?'라고 물어라

Instead of why, ask why not

FRONT SEAT DRIVER, acrylic on canvas, 7" x 9"

게으름은
단지 충분하게 동기부여가 되어 있지 않은 상태다

Lazy is just insufficiently motivated

DOG DAY AFTERNOON, acrylic on canvas, 28" x 36"

인생은 매 순간들이 모여 이루어진다[7]

Life consists only of moments

A DOG VIEW, acrylic on canvas, 48" x 60"

타협이란 모두가 지는 것을 의미한다

Compromise means everyone loses

YOU TALKING TO ME, acrylic on canvas, 8" x 10"

질문해라, 그리고 대답들에 또 질문해라

Ask questions, question answers

WOMEN IN WAITING, acrylic on canvas, 36" x 60"

바른 결정인지를 불안해 하지 말고,
당신의 결정이 바른 것이 되게 하라

Don't worry about making the right decision, make the decision right

완전한(불확실성이 없는) 선택은 있을 수 없다[8]

Without doubt, there can be no choice

ALL FOR ONE, acrylic on canvas, 24" x 48"

불확실함을 받아들이고 끌어 안아라

Embrace uncertainty

A GOOD READ, acrylic on canvas, 24" x 48"

의식있는 삶을 위한
나만의 5가지 비법: G.L.A.D.O

G   be Generous 후하고 관대하라

L   be Loving 사랑해라

A be Authentic 자신과 타인에게 진실되게 행동해라

D be Direct 솔직하고 직선적이 되어라

O be Open 마음을 열어라

My recipe for a mindful life :
be Generous, Loving, Authentic, Direct, Open
(G.L.A.D.O)

CONGA LINE, acrylic on canvas, 36" x 48"

| 미주 |

1.
우리가 지금 있는 이곳은,
우리가 여태껏 경험해 보지 않았던 곳이다 *p6*

Where we are is where we've never been

여행을 떠나 우리가 살고 있는 곳과는 다른 새로운 장소에 가게 되면, 그곳에 있는 새로운 양식의 건축물들과 상점들 그리고 우리와 다른 모습을 하고 다르게 살아가고 있는 사람들을 보면서 그 차이를 인식하는 것이 쉬울 것이다. 그렇다면 우리는 현재 살고 있는 공간을 어떻게 인식하고 살아가고 있는가? 사실 우리가 살고 있는 곳에도 새로운 디자인의 건축물들과 새로운 형태의 상점들이 끊임없이 들어서고 있으며, 다른 모습을 하고 다른 마음을 가진 사람들과도 쉴새없이 마주치고 있다. 그러나 우리는 현재 살고 있는 공간이 우리에게 너무도 친숙하기에 매일 같은 기대와 시각을 통해 바라보게 되며, 그 안에 존재하는 변화의 차이를 인식하는 것이 좀처럼 쉽지 않다. 우리가 어떤 것을 안다고 생각할 때, 그 안에서 일어나는 작은 변화들을 감지할 수 있는 능력도 사라지게 된다.

우리 주변의 사물들과 사람들만 변화하고 있는 것이 아니다. 우리의 마음도 매순간 끊임없이 변화하고 있다. 같은 것을 여러 번 본다 할지라도, 우리의 마음과 시각이 변화하고 있기에 그것을 통해 얻는 경험들이 항상 똑같지 않다. 우리의 인식이 친숙함이라는 관성의 틀에서 벗어나 새로운 것들을 발견할 수 있는 마음상태를 유지하게 되면, 여행을 통해서 얻을 수 있는 즐거움을 우리가 살고 있는 일상 속에서도 경험하게 될 것이다.

2. 오늘, 내일을 예측하면 진정한 내일을 놓치게 된다 *p38*

Predict today and lose tomorrow

'기대'나 '예측'은 사물과 사건 등을 바라보는 우리의 시각에 큰 영향을 미친다. 사물이나 사건 등을 인식할 때 우리의 기대나 예측은 어떠한 정보를 어떻게 받아드려야 하며 또 받아드리지 말아야 할 지를 정해 주는 필터같은 역할을 한다. 우리는 이 필터를 통해 정보를 선택적으로 수용한다. 즉, 우리의 기대나 예측에 부응하게 되면 정보를 발견하고 수용하기가 쉬워지며, 그렇지 않은 정보들은 놓치거나 받아들이는 것이 어렵다. 만약 오늘 우리가 내일 어떠한 일이 어떻게 전개될지를 미리 예측한다면, 우리의 예측과 다르게 전개된 수많은 변화들과 정보들을 발견하지 못하고, 그것들을 경험할 수 있는 기회를 상실하게 될 것이다

3. 고독은 마음의 한 상태이다 *p56*
Solitaire is a state of mind

화요일 저녁에 홀로 자신의 시간을 즐기는 것은 아무렇지 않을 것이다. 우리는 그것을 고독이라고 여기지 않는다. 하지만 토요일 저녁에 혼자 있는 자신의 모습을 보게 되면 애처롭고 고독하다고 느끼곤 한다. 우리는 누군가와의 관계 속에서 지속적인 공허함을 느끼면 차라리 혼자 있기를 갈망한다. 고독이란 감정은 우리가 피해야 하며 우리 마음속에 존재해서는 안되는 부정적인 감정이 아니라 우리가 우리 자신의 상황을 어떻게 받아들이고 있는지를 말해 주는 소중한 마음의 한 상태이다.

4. 우리의 마음은 불완전하게 깨어 있거나 완전히 잠들어 있다 *p58*
We can either be imperfectly mindful or perfectly mindless

우리의 마음이 불완전하게나마 바로 지금을 의식하고 깨어있지 않다면(mindful 하지 않다면), 현재에 존재하지 않는 상태나(mindless) 다름없다. [우리는 불충분하게 마인드풀(mindful)하거나 완전하게 마인들리스(mindless) 할 수 밖에 없다]

5.   규칙들은 통치자들에 의해서 만들어진 것이다 *p60*
Rules are made by rulers

규칙, 원칙, 통칙, 제도 등은 특정 시대와 특정한 상황 속에서 특정한 목적을 위해서 만들어지게 된다. 우리에게 주어진 규칙들을 절대적이고 보편적인 사실로 받아들인다면, 끊임없이 변화되고 빠른 속도로 바뀌고 있는 우리의 환경 속에서 잠들어 있는 자신을 발견하게 될 것이다.

6.   정해진 틀이 없이 생각하라 *p70*
Think without the box

'창의적인 사고를 하라'는 의미로 영어권 사람들은 종종 "Think outside the box" 표현을 쓰곤 한다. 이 표현에서 'the box' 는 그 시대의 흐름에 부합하는 생각의 틀을 얘기한다. 다시 말해서, 그 시대의 주류적인 생각을 벗어나는 사고의 중요성을 강조하는 표현이다. 그러나 이러한 이분법적인 배제는 또 하나의 틀을 생산하는 것이라 할 수 있다. 진정한 의미의 창의적인 사고는 어떤 특정 틀에서 벗어날 수 있는 능력이 아니라, 어떤 틀이 존재할지라도 그것에 영향을 받지 않고 자유로운 사고를 할 수 있는 능력이라 할 수 있다.

7. 인생은 매 순간들이 모여 이루어진다 *p86*
Life consists only of moments

우리가 시간이라는 개념을 이해할 때 '과거'나 '미래'라는 개념은 필수적이다. 그러나 과거와 미래라는 개념은 우리가 실질적으로 삶을 살아가고 있는 순간에는 의식되지 않는다. 우리는 단지 현재라는 매 순간에만 존재하고 있을 뿐이다. 현재의 말, 행동, 선택은 과거가 되며 그것이 당신의 미래를 만들어 가고 있다. 다시 말해서 당신이 '바로 지금'을 의식하여 통제할 수 있는 힘이 있다면, 당신은 당신의 과거와 미래도 통제할 수 있는 힘을 가진 것이다. 과거와 미래 속에서 서성이며 현재라는 매 순간에서 벗어나 있는 당신 자신을 통제할 수 있다면, 당신은 당신 인생의 주인으로 살아갈 수 있다. 끊임없이 변화하고 있는 환경 속에서 잠들어 있는 자신을 깨어나게 하고, 통제하고, 새로운 것을 발견하고, 배우고, 새롭게 대응하는 매 순간들이 결국 당신의 삶이 되는 것이다. 그 순간들 속에서 더 많은 기쁨을 찾을 수 있다면, 당신은 더 행복한 인생을 살 수 있다. 당신은 지금 이 순간 어디에 있으며 누구의 통제를 받고 있습니까?

8.　완전한(불확실성이 없는) 선택은 있을 수 없다 　　　*p94*
Without doubt, there can be no choice

당신이 현재 내리고 있는 수많은 판단들은 당신의 미래의 불확실성을 줄이기 위해서 이루어지고 있다. 현재 자신의 모습을 바르게 보고, 미래를 적극적으로 대비하는 행동과 의사결정을 하는 것은 의식이 깨어 있는, 즉 마인드풀(mindful)한 것이라 할 수 있다. 그러나 불확실성을 피하고자 하는 두려움이 당신이 내리고 있는 의사결정과 행동 전반을 지배하고 있다면, 당신은 지금 이길 수 없는 싸움을 하고 있는 것이다. 그 결과 두렵고 괴로울 때가 많을 것이다. 스스로 질문해 보라. 당신은 현재 자신의 모습을 발전시켜 불확실한 미래를 대비하고 있는가, 아니면 미래의 변화와 상황을 모두 예측하여 불확실성을 통제하고자 하는가? 불확실성이 없는 선택은 존재할 수 없다. 불확실성은 우리에게 두려움을 주는 존재가 아니라, 우리를 깨어있게 하고 생기를 불어넣어 주며, 매 순간 새로운 배움과 깨달음으로 이끌어 우리의 삶을 더욱 가치 있게 해준다.

알아차림의 미학
The ART of NOTICING

초판인쇄 2020년 1월 10일
초판발행 2020년 1월 10일

지은이 ELLEN J. LANGER
옮긴이 박찬모
감 수 박애란
펴낸이 채종준
기획·편집 이강임
마케팅 문선영

펴낸곳 한국학술정보(주)
주 소 경기도 파주시 회동길 230(문발동)
전 화 031-908-3181(대표)
팩 스 031-908-3189
홈페이지 http://ebook.kstudy.com
E-mail 출판사업부 publish@kstudy.com
등 록 제일산-115호(2000. 6. 19)

ISBN 978-89-268-9764-5 03180

www.ellenlanger.com
www.langermindfulnessinstitute.com